DIESES BUCH
GEHÖRT:

DEN (BISHER) VIER GENERATIONEN VON NUOVO-DRUMMERN GEWIDMET
A.N.

FÜR JULIET
D.D.

MIX
Papier aus verantwortungsvollen Quellen
FSC® C002795

Titel der Originalausgabe: *Orchestra*
Erschienen bei Flying Eye Books, einem Imprint der Nobrow Ltd., London 2019


Deutsche Erstausgabe

Ein Unternehmen der La Martinière Groupe

Übersetzung: Silke Körber, Berlin
Lektorat und Satz: Textilien. Lektorat und Producing Barbara Delius, Berlin
Umschlaggestaltung: Yannick Wolff, Knesebeck Verlag

Printed in Latvia

ISBN 978-3-95728-376-4



www.knesebeck-verlag.de

# HIER SPIELT DIE MUSIK

## DAS ORCHESTER UND SEINE INSTRUMENTE

AVALON NUOVO · DAVID DORAN

KNESEBECK

# INHALT

DAS
ORCHESTER

# DIE MUSIKER UND IHRE BÜHNE

Schon immer haben Menschen Musik gemacht. Vor Tausenden von Jahren verständigten sich die Völker überall auf der Welt durch Musik, und irgendwann spielten die Musiker zum Vergnügen und erzählten damit Geschichten. Musiker und Sänger taten sich zusammen und spielten in kleinen Gruppen. Sie schufen Melodien, die über Jahrhunderte weitergegeben wurden, verbesserten die Instrumente immer weiter und entwickelten neue.

Schon vor mehr als 600 Jahren entstanden frühe Versionen der Musikinstrumente, die noch heute in Gebrauch sind, zum Beispiel die Geige, die Trompete oder das Klavier. Es war die Zeit der Renaissance, und die **Ensembles** waren noch viel kleiner als heutige Orchester. Sie spielten vor allem an Königs- oder Fürstenhöfen. Im Unterschied zur Kirchenmusik nannte man diese Form des Musizierens **Kammermusik**.

Erst ungefähr 200 Jahre später schrieben **Komponisten** Musik für bestimmte Instrumente. Als die Ensembles immer größer wurden, teilten sie sich in Instrumentengruppen auf. Jede Gruppe spielte die Stimme, die eigens für sie komponiert worden war. Wenn sie dann alle zusammen spielten, fügten sich alle Stimmen zu einem harmonischen Klang. Das war die Geburtsstunde des Orchesters, wie wir es heute kennen.

# DIE ANORDNUNG EINES ORCHESTERS

**Die bekannteste Orchesterform, das Sinfonieorchester, setzt sich aus vier großen Gruppen oder Familien zusammen: Streicher, Holzbläser, Blechbläser und Schlagwerk. Die Instrumente einer Instrumentenfamilie sehen sich oft recht ähnlich, und auch im Klang sind sie verwandt. In einem großen Sinfonieorchester können über 100 Musiker spielen.**

Meist sitzen die Musiker eines Orchesters in einem Halbkreis, und der Dirigent oder die Dirigentin steht in der Mitte vor ihnen. Die Streicher mit ihrem weichen Klang sitzen ganz vorne, damit sie nicht von den Blechbläsern und Schlagzeugern übertönt werden, deren Plätze weiter hinten sind. Die Instrumente mit einem höheren Klang sind links vom Dirigentenpult angeordnet, die tieferen rechts davon. In der Mitte sitzen die Bläser: vorne die Holzbläser und dahinter die Blechbläser. Die Holzbläser sitzen manchmal etwas erhöht, damit sie besser zu hören sind. Diese Verteilung der Instrumente sorgt dafür, dass die vielen verschiedenen Stimmen sich zu einem angenehmen Klang verbinden, wenn alle gemeinsam spielen.

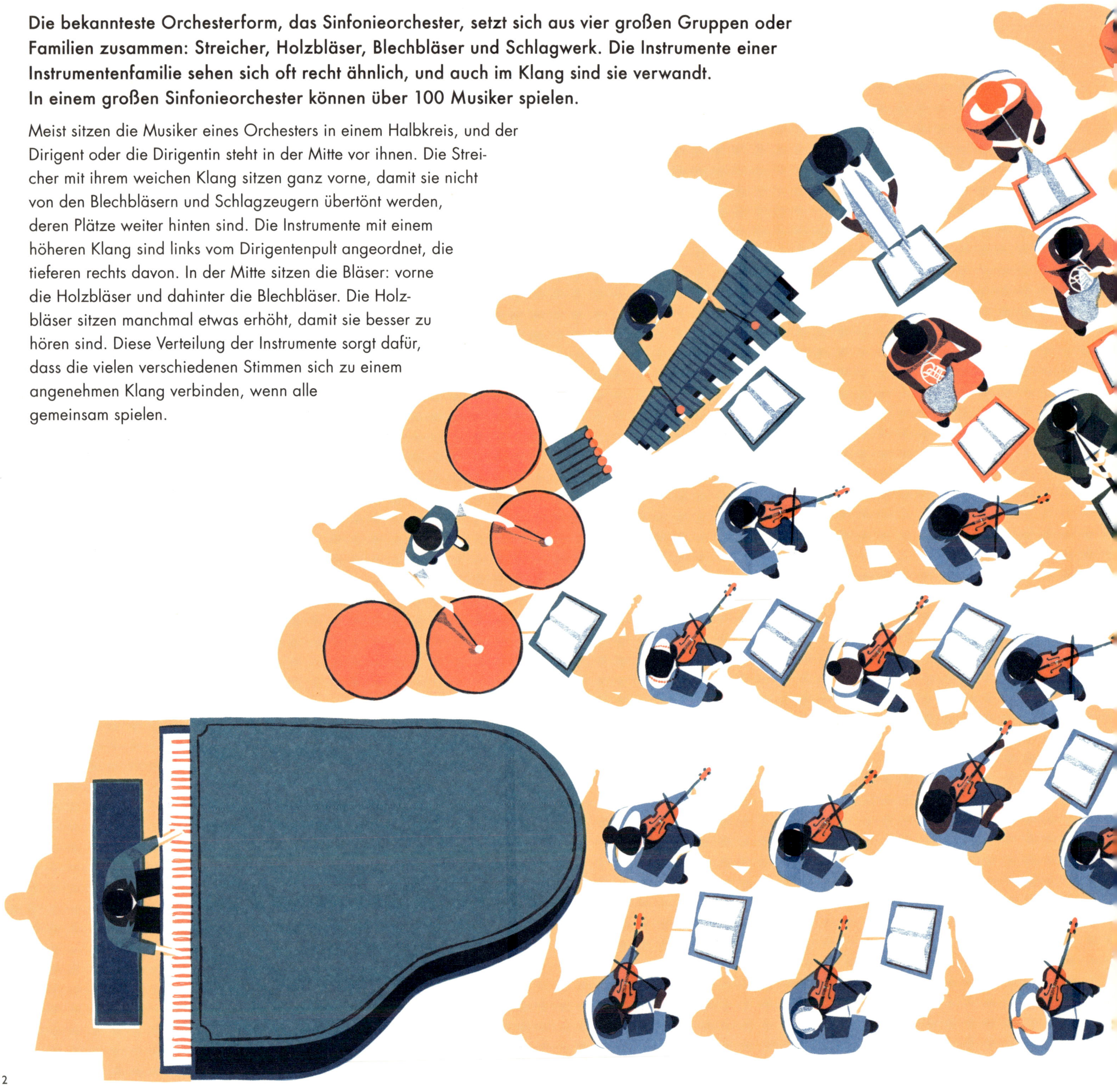

## AM DIRIGIERPULT

Die Dirigentin oder der Dirigent leitet das Orchester bei einem Konzert. Er oder sie steht mit dem Rücken zum **Publikum** und bewegt die Arme, um den Musikern Anweisungen zu geben. Sie führt sie mithilfe eines dünnen, langen Taktstocks durch das gesamte Musikstück. Meist steht die Dirigentin auf einem **Podest**, damit sie gut zu sehen ist. Alle Musiker müssen genau auf die Anweisungen der Dirigentin achten, denn wenn man in einem großen Orchester sitzt, ist es unmöglich, all die anderen Instrumente zu hören und sich untereinander zu verständigen. Die Dirigentin muss dafür sorgen, dass alle dasselbe **Tempo** spielen und ihren Einsatz nicht verpassen.

# DIE STREICHINSTRUMENTE

**Streichinstrumente bestehen meist aus Holz, aber den Ton erzeugen die Saiten. Heute haben sie immer vier Saiten, die mit dem Bogen gestrichen, mit den Fingern gezupft oder sogar mit dem hölzernen Teil des Bogens geschlagen werden. Die meisten Musiker halten den Bogen in der rechten Hand, mit der linken halten sie das Instrument. Die Finger bestimmen die Höhe der gespielten Töne, indem sie die Saiten an bestimmten Punkten des Halses auf das Holz drücken.**

## BRATSCHE ODER VIOLA

Die Bratsche heißt auch Viola, sie spielt in der Regel die **Begleitung** und die **Harmonien**. Sie klingt tiefer als die Geige, weil sie größer ist. Da die Saiten dicker sind, brauchen die Spieler einen größeren Bogen. Die Bratsche hat einen helleren Klang als das Cello, darum ist ihr Platz genau in der Mitte der Streichergruppe.

## GEIGE ODER VIOLINE

Die Geige, auch Violine genannt, ist das kleinste Streichinstrument mit den höchsten Tönen. Im Orchester gibt es meist eine Gruppe der ersten Geigen und eine der zweiten Geigen. Die ersten Geigen spielen üblicherweise die **Melodie**, die zweiten eine Begleitstimme. Der Stimmführer der ersten Geigen ist der Konzertmeister. Er sitzt ganz vorne und gibt beim **Stimmen** den Ton für das ganze Orchester an.

## CELLO

Das Cello sieht ganz ähnlich aus wie die Geige oder die Bratsche, ist aber viel größer. Der Klang ist voller und tiefer. Wegen seiner Größe wird es aufrecht zwischen den Beinen gehalten und mit einem »Stachel« auf dem Boden abgestützt.

## KONTRABASS

Das größte unter den Streichinstrumenten ist der Kontrabass. Seine tiefen Töne haben einen besonders vollen Klang und er ist so lang, dass er manche Musiker, die ihn spielen, überragt!

### KINNHALTER

Der Kinnhalter ist so geformt, dass das Kinn darin beim Spielen gut liegt und die Geige nicht verrutscht.

### SAITENHALTER

Am Saitenhalter sind die Enden der Saiten befestigt.

### STEG

Das schmale Holzstück sorgt dafür, dass die Saiten genau in ihrer Position bleiben. Durch den Steg übertragen sich die Schwingungen der Saiten auf den Geigenkörper.

### DECKE

Der Geigenkörper oder auch Korpus besteht aus Holz. Die Oberseite, die sogenannte Decke, wird aus weicherem Holz hergestellt, das die Schwingungen besonders gut aufnimmt.

## SO FUNKTIONIERT EINE GEIGE

**Alle Streichinstrumente werden wie ein Puzzle aus vielen Einzelteilen zusammengesetzt. Instrumente wie die Geige gibt es in verschiedenen Größen und Formen, aber sie werden alle ähnlich hergestellt. Hier siehst du die wichtigsten Teile der Geige.**

## BOGEN

Der lange Holzstab hält ein fest gespanntes Bündel Pferdehaare oder Haare aus Kunststoff. Diese bestreicht der Musiker regemäßig mit **Kolophonium** und verstärkt damit die Haftung auf den Saiten. Durch die Reibung entsteht der Ton.

## SCHALLLÖCHER

Die Öffnungen werden wegen ihrer Form auch F-Löcher genannt. Sie sorgen dafür, dass die Decke schwingen kann und die **Schallwellen** aus dem Geigenkörper gelangen.

## STIMMSTOCK

Im Inneren der Geige ist eine kleine Stütze aus Holz angebracht, die das Instrument stabilisiert. Sie dient auch als **Resonanzkörper** und verstärkt den Ton.

## SAITEN

Die Saiten einer Geige bestehen aus Schafsdarm, aus Kunststoff oder Metall. Mit der linken Hand drückt der Musiker die Saiten auf das Griffbrett, um bestimmte Töne zu treffen. Gleichzeitig wird die Saite mit dem Bogen gestrichen oder mit der rechten Hand gezupft.

## HALS UND GRIFFBRETT

Die leicht gewölbte, schwarze Oberseite des Geigenhalses heißt Griffbrett. Darauf bewegen sich die Finger hin und her, um unterschiedliche Tonhöhen zu erzeugen. Der Daumen liegt auf der Unterseite und stützt das Instrument.

## WIRBEL

Jede der vier Saiten wird am Ende um einen Wirbel gewickelt. Wenn man an dem Wirbel dreht, wird die Saite gespannt oder gelockert. Auf diese Weise stimmt man das Instrument.

## SCHNECKE

Der dekorativ geschnitzte Abschluss der Geige erinnert durch seine Form an ein Schneckenhaus.

# DIE HOLZBLASINSTRUMENTE

**Diese Gruppe der Bläser wird »Holzbläser« genannt, weil die Instrumente früher alle aus Holz gebaut wurden. Heute bestehen sie häufig aus Metall, Kunststoff oder unterschiedlichen Materialien. Die Spieler bringen ihr Instrument durch ihren Atem zum Klingen.**

## QUERFLÖTE

Die Querflöte hat einen hohen, hellen, schwebenden Klang. Berufsmusiker spielen auf Flöten aus Silber, Gold oder sogar Platin. Für Anfänger eignen sich Modelle aus versilbertem Aluminium oder anderen leichten Metallen.

## OBOE

Die Oboe wird nach unten ein wenig breiter, durch diese Form bekommt sie ihren kräftigen Ton, der im Orchester gut herauszuhören ist. Da die Oboe sich nicht leicht verstimmt und ihr Ton so klar ist, gibt sie im Orchester das A an, nach dem alle anderen Musiker ihre Instrumente stimmen.

## KLARINETTE

Klarinetten gibt es in vielen Formen und Größen, von der hohen Es-Klarinette bis hin zur riesigen Bassklarinette, die tiefere Töne hervorbringt als ein Kontrabass! Der Klang der Klarinette eignet sich sowohl für zarte romantische Melodien als auch für laute **Marsch**- oder Tanzmusik.

## FAGOTT

Das Fagott ist das tiefste unter den Holzblasinstrumenten. Es hat einen großen **Tonumfang**, kann also sehr hohe und sehr tiefe Töne spielen. Manche finden, dass sein Klang der menschlichen Stimme ähnelt.

# SO FUNKTIONIERT EINE KLARINETTE

**Nicht erschrecken, wenn du ein Holzblasinstrument in seinen Einzelteilen siehst, es ist nicht kaputt! Die Instrumente sind leicht zusammenzusetzen. Auseinandergenommen lassen sich die Teile besser reinigen und transportieren. Alle Holzblasinstrumente sind ziemlich ähnlich gebaut. Wenn du dir die Klarinette im Detail ansiehst, verstehst du auch, wie die anderen Holzblasinstrumente funktionieren.**

Die meisten Holzblasinstrumente erzeugen ihren Klang mithilfe eines Schilfrohr-Blatts, das die Luft zum Schwingen bringt. Manche Instrumente wie die Klarinette haben ein einfaches Rohrblatt, andere, wie die Oboe oder das Fagott, ein Doppelrohrblatt, bei dem zwei Rohrblätter gegeneinanderschlagen.

## OBERSTÜCK

Auf der oberen Hälfte des Instruments liegen die Klappen für die linke Hand.

Ganz ohne Rohrblatt kommen nur die Flöten aus. Bei der Querflöte muss die Unterlippe so am Mundstück anliegen, dass der Atem genau im richtigen Winkel in die Öffnung gelangt. Dafür wird das Instrument im Unterschied zu allen übrigen Holzblasinstrumenten seitlich gehalten.

## UNTERSTÜCK

Auf der unteren Hälfte des Instruments sind die Klappen für die rechte Hand.

## TRICHTER ODER BECHER

An dieser Stelle tritt der Schall aus dem Rohr aus. Um den Ton zu verstärken, ist das Endstück trichterförmig. Bei tieferen Klarinetten besteht es aus Metall und ist gebogen.

## ROHRBLATT

Das Rohrblatt wird aus Schilfrohr hergestellt und hat daher eine faserige Oberfläche. Wenn die Musikerin in das Instrument bläst, vibriert das Blättchen im Mundstück. So entsteht der Ton, der durch das Drücken der Klappen verändert wird, und die Töne reihen sich zu einer Melodie.

## MUNDSTÜCK

Am Mundstück mit dem aufliegenden Rohrblatt wird die Luft hineingeblasen, um den Ton zu erzeugen.

## LIGATUR

Mit diesem kleinen Metallstück wird das Blättchen im Mundstück befestigt.

## BIRNE/FASS

Dieses Teil verbindet das Mundstück mit dem Oberstück und beeinflusst den Klang.

## ÜBERBLASKLAPPE

Diese Klappe auf der Rückseite des Oberstücks wird mit dem Daumen gedrückt, um besonders hohe Töne zu spielen.

## KLAPPEN

Die Klappen dienen zum Verschließen der Tonlöcher. So werden unterschiedliche Töne erzeugt. Je mehr Löcher von den Klappen verschlossen sind, desto tiefer ist der Ton.

# DIE BLECHBLÄSER

**Wie bei den Holzblasinstrumenten erzeugen auch die Spieler der Blechblasinstrumente den Klang durch ihren Atem. Allerdings sind diese Instrumente sehr viel lauter und kräftiger. Besonders beliebt sind sie in der Jazzmusik. Aber auch im klassischen Orchester haben sie großen Einfluss auf den Klang. Die vier auf dieser Seite sind die häufigsten.**

## HORN

Das Horn ist ein sehr vielfältiges Instrument. Man kann damit sehr unterschiedliche Klangfarben erzeugen, von lauten, kräftigen Tönen bis zu runden, weichen. Im Orchester spielt das Horn tragende Melodien und Harmonien.

## TROMPETE

Die Trompete ist das kleinste und höchste Blechblasinstrument. Sie besteht aus einem langen, dünnen Messingrohr, das zu einer länglichen Form gewickelt ist. Zwar sieht das Instrument recht klein aus, aber wenn man das Rohr wieder geradebiegen würde, wäre es fast zwei Meter lang!

## TUBA

Das größte Mitglied der Blechbläser-Familie ist die Tuba. Sie hat einen beeindruckend tiefen Klang. Dies hier ist eine Orchester-Tuba, aber vielleicht hast du auch schon einmal ein Sousafon gesehen? Man kann es über der Schulter tragen – praktisch für lange Musikparaden!

## POSAUNE

Die Posaune setzt sich aus zwei u-förmigen Röhren zusammen, die zusammen eine Art S ergeben. Um Melodien zu spielen, bewegt der Posaunist den sogenannten Zug hin und her, wodurch sich die Länge des Rohrs verändert. Je länger das Rohr, desto tiefer der Ton. Wenn sie mit voller Lautstärke gespielt wird, übertönt die Posaune alle anderen Instrumente eines traditionellen Orchesters.

# SO FUNKTIONIERT EINE TROMPETE

**Bei den Holzblasinstrumenten entsteht der Ton durch das vibrierende Rohrblatt. Aber die Blechblasinstrumente haben kein solches Blatt, stattdessen vibrieren die gespannten, kaum geöffneten Lippen des Spielers. Dadurch gerät die Luft im Inneren des Instruments in Schwingung. Die meisten Blechblasinstrumente haben mehrere Ventile, um die Tonhöhen zu verändern.**

## RÖHREN

Die Posaune erzeugt unterschiedliche Tonhöhen nicht durch Ventile. Stattdessen schiebt der Spieler den Zug, ein u-förmiges Rohr, nach vorne und zurück. Dadurch verändert sich die Luftmenge im Rohr.

## DÄMPFER

Um die Lautstärke der Blechblasinstrumente zu verringern, kann ein Dämpfer in den Schalltrichter gesteckt werden. Es gibt vier verschiedene Arten von Dämpfern, die alle einen anderen Klang ergeben. Der Harmon-Dämpfer etwa bewirkt einen leisen, aber scharfen metallischen Klang.

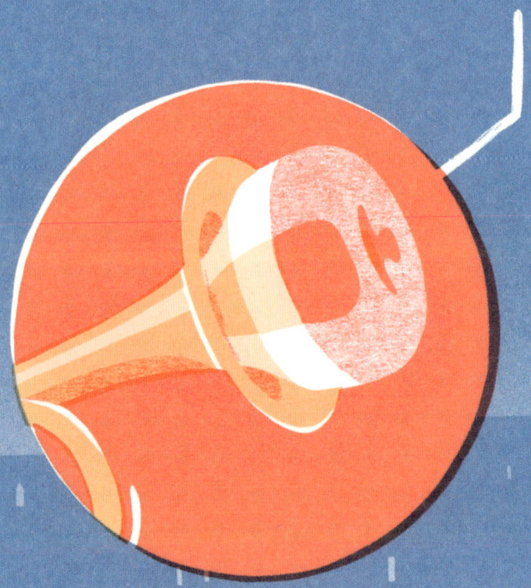

## MUNDSTÜCK

An dieser Stelle bläst der Musiker in das Instrument. Die Lippen versetzen den Luftstrom in Schwingung, die durch die Form des Mundstücks verstärkt wird.

## VENTILKLAPPEN

Der Musiker kann die Ventile durch Herunterdrücken öffnen oder schließen und damit den Weg des Luftstroms durch das Instrument verlängern oder verkürzen. Dadurch kann er verschiedene Töne erzeugen und eine Melodie spielen.

## SCHALLTRICHTER

An dieser Stelle kommt der Ton aus dem Instrument. Die Trichterform verstärkt den Klang.

## HAUPTSTIMMZUG

Durch Herausziehen oder Hineinschieben des Stimmzugs lässt sich der Grundton der Trompete verändern.

## INTONATIONSZUG

Mit diesem Ring am dritten Ventilzug lässt sich die Tonhöhe oder **Intonation** abstimmen.

## VENTILGEHÄUSE

In diesen senkrechten Röhren bewegen sich die Ventile.

## VENTILZÜGE

Wenn man die Ventile betätigt und damit die Ventilzüge öffnet oder schließt, wird das Rohr verlängert oder verkürzt.

# DAS SCHLAGZEUG

**Schlagen, reiben, schütteln – Schlaginstrumente geben den Rhythmus an und sorgen für Dynamik. Im Orchester bedienen die Schlagzeuger oft viele verschiedene Schlaginstrumente. Diese große Gruppe teilt sich auf in Instrumente mit einem festgelegten Ton und solche, auf denen man verschiedene Töne spielen kann.**

## MELODIEINSTRUMENTE

Mit den Instrumenten dieser Gruppe kann man Melodien spielen, weil sich ihre vielen Klangelemente einzeln anschlagen lassen, um verschiedene Töne zu erzeugen.

### XYLOFON UND VIBRAFON

Das Xylofon besteht aus einer Reihe von Klangstäben aus Holz, die wie die Tasten auf dem Klavier angeordnet sind. Sie werden mit einem speziellen Schlägel angeschlagen. Unter den Klangstäben befinden sich Röhren, die den Schall verstärken, sie heißen Resonanzröhren. Das Vibrafon hat Platten aus Metall und klingt dadurch ganz anders als das Xylofon, sieht aber ähnlich aus.

### PAUKE

Bei der Pauke wird eine Membran aus Kunststoff oder Tierhaut über eine große, kesselförmige Schale gespannt, die meist aus Kupfer besteht. Im Orchester stehen meist vier unterschiedliche Pauken, die nicht vom Schlagzeuger, sondern vom Paukisten bedient werden.

## KLAVIER/FLÜGEL

Der Flügel kann als Rhythumsinstrument das Schlagzeug unterstützen oder zu einem insgesamt dichteren Klang beitragen. Es gibt aber auch viele Stücke, in denen das Klavier als Soloinstrument mit oder ohne Orchester zu hören ist. Meist spielt die rechte Hand die Melodiestimme, während die linke die Begleitstimme übernimmt. Von den drei Pedalen dient das rechte dazu, die Töne voller klingen zu lassen, das linke dämpft die Töne, und das mittlere ist dazu da, die Dauer des Halls zu verlängern.

## RHYTHMUSINSTRUMENTE

Diese Instrumente sorgen für den Rhythmus. Melodien kann man damit nicht spielen, weil sie nur einen einzigen Ton erzeugen können. Dazu gehören zum Beispiel das Becken, die kleine und die große Trommel ebenso wie die Kastagnetten.

Becken

Kleine Trommel

Große Trommel

Kastagnetten

# SO FUNKTIONIERT DAS SCHLAGZEUG

Alle Instrumente haben eine große Gemeinsamkeit: Ganz egal, ob sie geblasen, gezupft oder gestrichen werden, immer entstehen die Töne, indem Luft in Schwingung versetzt wird. So ist es auch beim Schlagzeug. Der Schlagzeuger oder Perkussionist löst die Schwingung aus, indem er Kraft auf das Instrument ausübt. Bei den Schlaginstrumenten, die wir schon kennengelernt haben, sieht das so aus:

## KLEINE TROMMEL

Wie bei der Pauke vibriert auch bei diesem Instrument das Fell, wenn es geschlagen wird. Die Schwingungen werden im Inneren der Trommel zu Schallwellen. Diese Trommel heißt auch Snare Drum, weil über das Fell an der Unterseite Saiten gespannt sind, die gegen das Resonanzfell schlagen. Dabei entsteht ein schnarrendes, rasselndes Geräusch, das für diese Trommel charakteristisch ist.

## PAUKE

Wenn der Paukist mit dem Schlägel auf das Fell schlägt, entstehen im Paukenkessel Schallwellen. Der Ton der Pauke verändert sich, wenn man die Spannung des Fells erhöht oder lockert. Ältere Pauken haben dafür Stimmschrauben, bei neueren Modellen dienen Pedale dazu, das Instrument zu stimmen oder die Tonlage während des Spielens zu verändern.

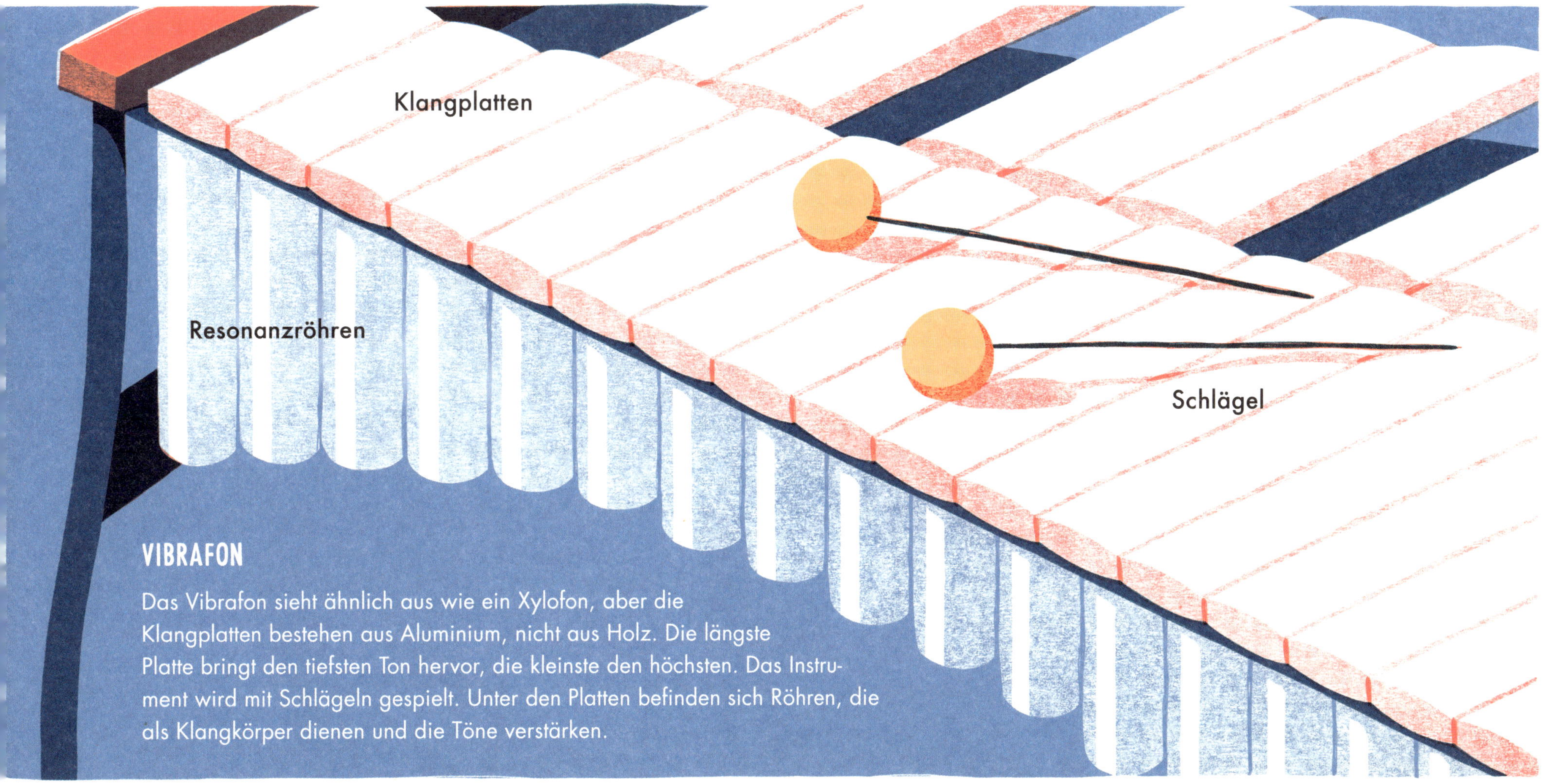


## VIBRAFON

Das Vibrafon sieht ähnlich aus wie ein Xylofon, aber die Klangplatten bestehen aus Aluminium, nicht aus Holz. Die längste Platte bringt den tiefsten Ton hervor, die kleinste den höchsten. Das Instrument wird mit Schlägeln gespielt. Unter den Platten befinden sich Röhren, die als Klangkörper dienen und die Töne verstärken.

## KLAVIER

Das Klavier wird durch Anschlagen der weißen und schwarzen Tasten gespielt. Jede Taste bewegt einen kleinen Hammer im Inneren, der eine Saite anschlägt. Deswegen sagen manche, das Klavier wäre ein Saiteninstrument, andere zählen es zu den Schlaginstrumenten. Über drei Pedale, die mit den Hämmern und Saiten verbunden sind, kann die Pianistin dafür sorgen, dass die Töne länger nachhallen, leiser oder voller klingen.

# SELTENE ORCHESTERINSTRUMENTE

**Manche Instrumente ergänzen ein Orchester nur gelegentlich und gehören nicht zur üblichen Besetzung. Dies sind einige der besonderen Gäste.**

## HARFE

Die Harfe gehört zu den ältesten Saiteninstrumenten der Welt. Sie ist berühmt für ihren zarten, perlenden Klang, der durch Zupfen der Saiten entsteht.

## ORGEL

Es gibt viele verschiedene Orgeltypen, die bekannteste ist die Pfeifenorgel. Dieses riesige Instrument sieht aus wie ein Klavier mit mehreren Tastenreihen plus einer Pedalklaviatur, die mit den Füßen gespielt wird. Der Orgelton entsteht durch den Luftstrom, der durch die Pfeifen geleitet wird. Die Länge der unzähligen Pfeifen bestimmt die Tonhöhe. Form und Material (Holz oder Metall) haben Einfluss auf die Klangfarbe. Mit den vielen Schaltern und Knöpfen sieht der Spieltisch aus wie ein Cockpit! Manche Stücke sind ohne einen Helfer gar nicht spielbar.

## KLASSISCHE GITARRE

Gitarren kennst du sicher aus der Rockmusik – aber manchmal werden sie auch im Orchester gespielt. Dies hier ist eine klassische Gitarre, also eine Akustikgitarre, die ohne Elektronik auskommt. Der Klangkörper ist hohl und hat in der Mitte ein Schallloch. Die Gitarre spielt man durch Zupfen der sechs Saiten mit der rechten Hand und das Greifen der Töne mit den Fingern der linken Hand auf dem Griffbrett. Statt mit den Fingern können die Saiten auch mit einem Plastikplättchen bewegt werden, dem Plektrum.

## SAXOFON

Das Saxofon besteht zwar aus Messing, aber es wird trotzdem den Holzblasinstrumenten zugerechnet. Und zwar weil der Ton auch durch ein Rohrblatt am Mundstück erzeugt wird, genau wie bei der Klarinette. Saxofone sieht man nicht so häufig im Konzertsaal, sondern eher im Jazzkeller.

# AUCH DU SELBST BIST EIN INSTRUMENT!

Ein besonders wichtiges Instrument haben wir bisher noch gar nicht erwäht: die Stimme! Die Stimmbänder erzeugen Schwingungen, wenn der Atem hindurchströmt, also ganz ähnlich wie bei einem Blasinstrument. Genau wie alle anderen Musiker müssen auch Sänger viele Jahre studieren, um ihr »Instrument« zu erlernen. Sie müssen sich die richtige Körperhaltung und Atmung sowie Mundstellung, Lippenspannung und Position der Zunge aneignen, damit der Ton klar, schön und voll genug ist, um einen ganzen Konzertsaal zu füllen.

In manchen Orchesterstücken sind Gesangssolisten vorgesehen, die allein oder zusammen mit anderen Solisten mit dem Orchester musizieren. Bei Chorkonzerten tritt eine größere Gruppe von Sängern auf. Ein Chor ist ähnlich aufgebaut wie ein Orchester. Sänger und Sängerinnen werden je nach **Stimmlage** in Gruppen zusammengefasst, die jede ihre eigene Tonfolge singt. Wenn alle gemeinsam singen, ergibt sich ein volltönender Klag. Singt ein Chor ohne Orchesterbegleitung, nennt man das **a capella**.

Die meisten Chöre bestehen aus vier Stimmgruppen: den hohen Frauenstimmen (Sopran), den tiefen Frauenstimmen (Alt), den hohen Männerstimmen (Tenor) und den tiefen Männerstimmen (Bass), manchmal kommen noch weitere Stimmen hinzu. Oft stehen die hohen Stimmen auf der linken und die tieferen auf der rechten Seite.

Sopran (hoch) Mezzosopran Alt Tenor Countertenor Bariton Bass (tief)

# EIN WALD VOLLER KLÄNGE

**Für einen guten Klang ist besonders wichtig, aus welchem Material ein Instrument hergestellt wird. Das gilt vor allem für Musikinstrumente aus Holz, da die Hölzer der verschiedenen Baumarten unterschiedliche Eigenschaften haben. Für manche Instrumente werden auch mehrere Holzsorten verwendet.**

## HARTHÖLZER

Hartholz hat sehr dichte Fasern, darum ist es besonders stabil und haltbar. Es ist daher ideal für die Seitenteile (Zargen), den Boden, den Hals und den Wirbelkasten von Streichinstrumenten. Diese Teile müssen robust sein, damit sie der hohen Spannung der Saiten standhalten. Aus Ebenholz werden zum Beispiel die Griffbretter von Geigen und Bratschen hergestellt oder auch die schwarzen Klaviertasten, weil es jahrelangen Druck und ständige Berührung durch die Musiker ohne Weiteres aushält.

## WEICHHOLZ

Weichholz hat größere Poren und ist elastischer als Hartholz, darum ist es für die Übertragung von Schallwellen gut geeignet. Diese Holzarten werden für die Decke von Saiteninstrumenten verwendet, etwa bei der Geige und der klassischen Gitarre. Das weiche Fichtenholz ist bekannt dafür, dass es einen sanften Klang ergibt. Das Holz wird zuerst lange getrocknet, damit es sich nicht verzieht oder bei der Verarbeitung splittert.

# SO FUNKTIONIERT DIE AKUSTIK IM KONZERTSAAL

**Der beste Ort, um ein Orchester zu erleben, ist der Konzertsaal. Extra für diesen Zweck werden in aller Welt spektakuläre Gebäude errichtet. Im Inneren muss jedes Detail stimmen, damit sich die Musik perfekt entfalten kann.**

Die besten Konzerthäuser entstehen aus einem optimalen Zusammenspiel von Wissenschaftlern, Ingenieuren und Künstlern. Architekten sorgen dafür, dass die Bauten schön aussehen und fantastische Säle beherbergen, in denen wir die Musik genießen können. Aber natürlich gehört noch viel mehr zu einem hervorragenden Konzertsaal. Die Form des Raumes, die Winkel, in denen Wände und Decke positioniert sind, der Standort von Säulen und sogar die Form und das Material der Sitze für die Zuhörer – jedes kleinste Detail wirkt sich darauf aus, wie die Musik klingt. Weder darf der Saal Hall oder Echos erzeugen noch soll er den Klang verschlucken. Um das bestmögliche Ergebnis zu erzielen, arbeiten Ingenieure, Wissenschaftler und Spezialisten für **Akustik** eng zusammen.

Sydney Opera House

Elbphilharmonie, Hamburg

Royal Albert Hall, London

## IM KONZERTSAAL:
# DER WIENER MUSIKVEREIN

**Viele Menschen, die etwas von Klang verstehen, sind sich drüber einig, dass der Große Saal des Wiener Musikvereins die beste Akustik weltweit bietet. Er wurde 1870 nach Plänen des dänischen Architekten Theophil Hansen erbaut.**

Heute gibt es viele Wissenschaftler und Ingenieure, die sich auf Akustik spezialisiert haben. Sie nutzen mathematische Formeln, um schon im Voraus exakt zu berechnen, wie sich der Schall in dem Raum bewegen wird, den die Architekten entworfen haben. Das war zu Hansens Zeit noch nicht möglich, aber dafür hatte er ein ganz besonderes Gespür dafür, wie sich Schall verhält. Der rechteckige Raum, die Vorsprünge, Galerien und Logen ebenso wie die Skulpturen, die den Saal schmücken – all das trägt dazu bei, dass sich die Töne auf ideale Weise im Raum ausbreiten und die Zuhörer auf allen Plätzen ein großartiges Klangerlebnis haben.

DIE MUSIK
UND IHRE MEISTER

# NOTEN LESEN

Woher wissen die Musiker in einem Orchester eigentlich so genau, was sie wann spielen müssen? Es ist wie beim Vorlesen aus einem Buch: Sie spielen, was auf dem Notenblatt steht. Wenn sie ein Stück besonders oft geprobt haben, können sie es auch auswendig spielen. Professionelle Musiker haben gelernt, **vom Blatt zu spielen**, das heißt, sie können sofort mit dem Musizieren beginnen, wenn sie die Noten vor sich haben, auch wenn sie das Stück noch nie gehört haben.

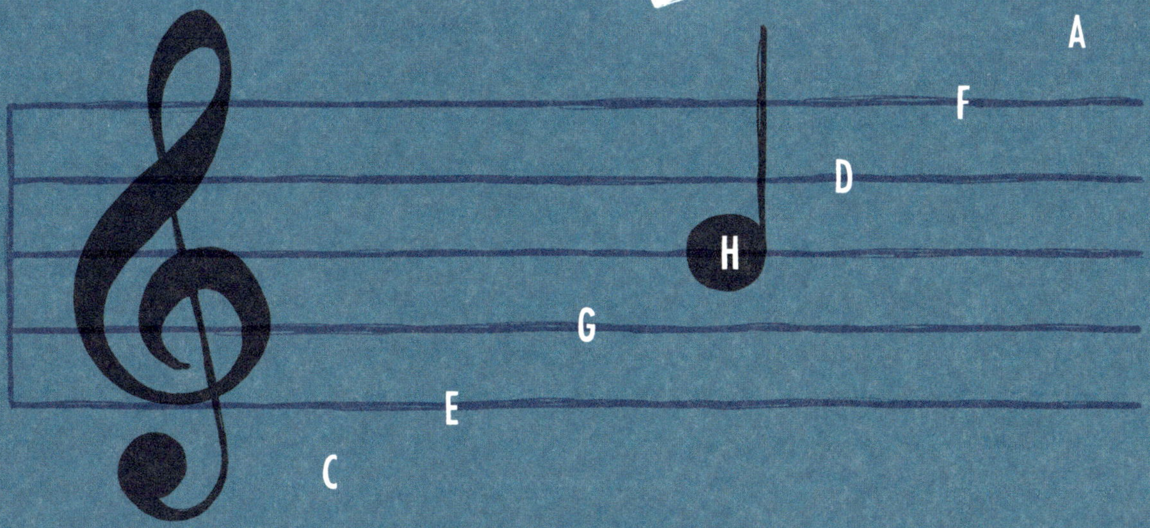


Um Musik aufzuschreiben, gibt es verschiedene Notensysteme. Für die westliche Musik am bekanntesten ist das Notensystem mit fünf Notenlinien, auf dem **Takt**, Tempo, aber vor allem natürlich die Tonhöhen angezeigt werden. Die Noten können auf oder zwischen den Linien sitzen. Die Noten ganz unten im System oder sogar darunter bezeichnen die tiefen Töne, die Noten oben die hohen. Die Töne werden mit Buchstaben benannt. Die C-Dur-Tonleiter lautet C D E F G A H C.

Der Notenschlüssel bestimmt, für welche Tonhöhen die **Noten** auf den Linien stehen. Dieser hier windet sich um die G-Linie, er heißt G-Schlüssel oder Violinschlüssel.

Noten haben unterschiedliche Tonwerte, die aussagen, wie lang ein Ton gespielt werden muss. Die Dauer erkennt man am Aussehen der Note. Eine Viertelnote (mit ausgefülltem Kopf) ist doppelt so lang wie eine Achtelnote mit Fähnchen. Eine halbe Note (mit leerem Kopf) ist doppelt so lang wie die Viertelnote, und die ganze Note (ohne Hals) ist noch einmal so lang.

Die Noten eines Musikstücks werden in Takte eingeteilt. Es gibt unterschiedliche Taktarten – je nachdem wie viele Schläge ein Takt hat. Bei Marschmusik sind es zum Beispiel meist vier Schläge, beim Walzer drei. Die Musiker lesen also nicht nur ab, welche Töne sie spielen müssen, sondern auch in welchem Tempo und Rhythmus.

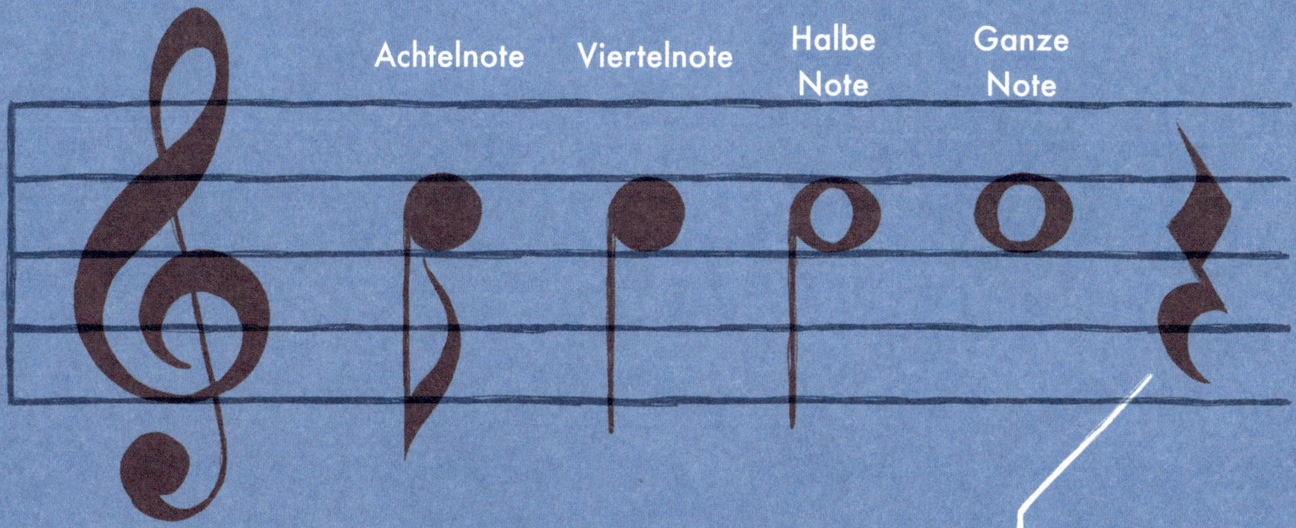


Dies ist ein Pausenzeichen. Hier setzt die Musik für einen Schlag aus – Zeit zum Luftholen!

# MUSIK KOMPONIEREN

**Personen, die Musikstücke schreiben, sind Komponisten. Die wichtigsten Kompositionsgattungen für Orchester sind Sinfonie und Konzert. Aber auch ein Opernkomponist schreibt Musik für Orchester.**

Für Komponisten gibt es unendlich viel zu bedenken. Sie erfinden die Melodie, die Begleitung und müssen über Tempo und Rhythmus des Musikstücks entscheiden. Außerdem überlegen sie sich, welche Instrumente gut zusammenklingen und welche Wirkung sie haben. Beim Spielen eines Musikstücks sind nicht alle Musiker die ganze Zeit über beschäftigt. Manchmal spielen nur die Streichinstrumente, mal nur die Holzbläser; die Schlagzeuger haben oft sehr lange Pausen. Durch diesen Wechsel steuern Komponisten die klangliche Gesamtwirkung und die Dynamik (also die Tonstärke) eines Stücks. Die Musiker erhalten nur die Noten, die sie selbst spielen sollen. Den Überblick darüber, welche Instrumente wann zum Einsatz kommen, hat nur der Dirigent: In der **Partitur** sind die Stimmen aller Instrumente abgedruckt.

Komponisten haben viele Möglichkeiten, mit ihrer Musik Geschichten zu erzählen und bei den Zuhörern Gefühle und Stimmungen zu erzeugen. Tonarten, der Einsatz bestimmter Instrumente und natürlich das Tempo sind dafür entscheidend. Das Wunderbare an Orchestermusik ist, dass sie ganz ohne Text auskommt und darum alle Menschen erreichen kann, ganz gleich welche Sprache sie sprechen. Ideen für Musik kommen überall her. Worüber würdest du gern ein Stück komponieren?

## GENIE DES MITTELALTERS:

# HILDEGARD VON BINGEN

## (1098–1179)

Die Äbtissin Hildegard lebte vor rund 1000 Jahren in Bingen am Rhein. Sie war sehr gebildet, und ihre Schriften über Naturwissenschaft, Religion, Musik und anderes sind so bedeutend, dass sie bis heute gelesen werden.

Hildegard war auch eine außerordentliche Komponistin. Von keinem mittelalterlichen Komponisten sind so viele Stücke erhalten wie von ihr. Ihre Leistungen sind auch deshalb beeindruckend, weil zur damaligen Zeit nur sehr wenige Menschen lesen und schreiben konnten, Frauen erst recht nicht.

Das Wenige, was sie über Musik wusste, vermittelte ihr eine Lehrerin, vor allem aber half ihr ein gutes Gedächtnis. In ihrer Jugend hörte sie oft **Gregorianische Choräle**, einstimmige Gesänge ohne Instrumente zu Texten aus der Bibel (auf Latein), die von Mönchen und anderen Kirchenleuten gesungen wurden. Von ihnen ließ sich Hildegard zu ihren religiösen Gesängen inspirieren. Sie erkannte, dass Musik Gedanken ausdrücken kann, die mit Worten nicht zu beschreiben sind. In ihrer Musik kann man bis heute ihren ganz persönlichen Vorstellungen von Gott nachspüren.

# DIE VIER JAHRESZEITEN (LE QUATTRO STAGIONI)

## ANTONIO VIVALDI (1678 – 1741)

Antonio Vivaldi war ein italienischer Komponist und **Virtuose** auf der Geige. Sein berühmtestes Werk ist eine Gruppe von vier Violinkonzerten mit dem Titel *Die vier Jahreszeiten*. Jedes Stück besteht aus drei **Sätzen** und beschreibt jeweils eine Jahreszeit. Die Komposition gehört zu den bekanntesten Orchesterwerken der Welt, bestimmt hast du schon einmal etwas daraus gehört!

### FRÜHLING

Im ersten Satz imitieren die Geigen Vogelgesang und einen plätschernden Bach. Der heitere Frühlingstag wird getrübt durch ein aufziehendes Gewitter, das düstere, nervöse Geigenklänge heraufbeschwören. Als der Sturm vorüber ist, lassen lieblichere Melodien das Bild von einem Schäfer mit seiner Herde auf der Weide entstehen. Der dritte Satz ist voller Energie, nun tanzen Nymphen und Hirten miteinander zu einer fröhlichen Streichermelodie.

### SOMMER

Langsam und träge beginnt dieses Konzert, es ist wie das Leben an einem heißen Sommertag. Im Hintergrund braut sich ein Gewitter zusammen. Der Hirte muss in der gleißenden Sonne seiner Arbeit nachgehen. Die Musik wird immer intensiver, das Unwetter nähert sich und bricht dann in einer schnellen und lebhaften Melodie aus: Der Schäfer muss Donner, Wind und Regen über sich ergehen lassen.

## HERBST

Der Herbst ist angebrochen, die Bauern singen und tanzen ausgelassen, bis der zweite Satz einen kühleren Wind wehen lässt und die Feiernden sich ausruhen. Im dritten Satz folgen wir einer Jagdgesellschaft – Hörner ertönen, die Jäger auf ihren Pferden und die Hunde hetzen die Beute.

## WINTER

Hohe Töne und schnelles Tempo drücken stechende Kälte und eisigen Wind aus. Das Zähneklappern der Menschen und das Fallen großer Schneeflocken klingen an, aber auch Höhepunkte wie das fröhliche Treiben beim Schlittschuhlaufen auf dem See.

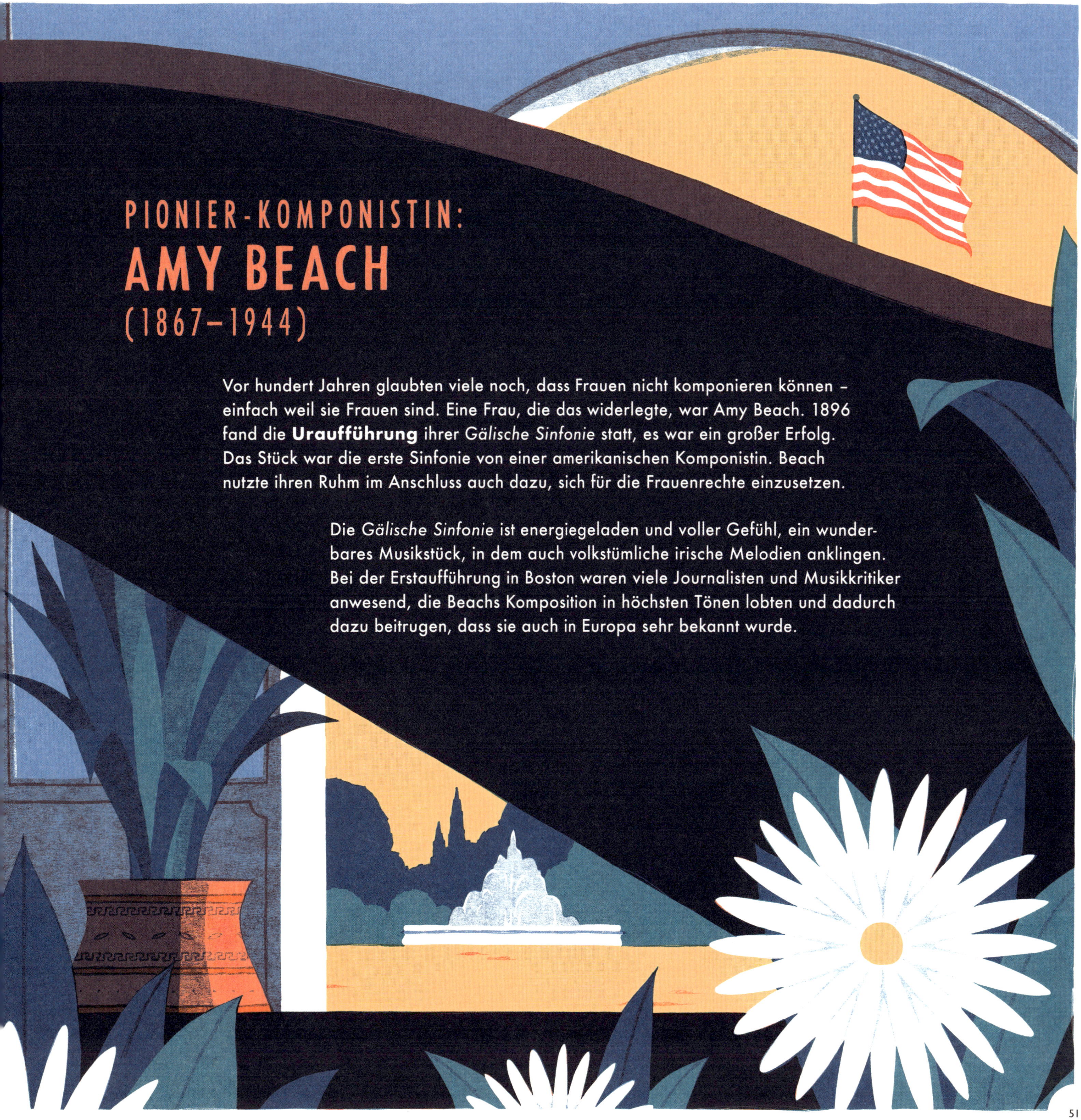

## PIONIER-KOMPONISTIN:
# AMY BEACH
## (1867–1944)

Vor hundert Jahren glaubten viele noch, dass Frauen nicht komponieren können – einfach weil sie Frauen sind. Eine Frau, die das widerlegte, war Amy Beach. 1896 fand die **Uraufführung** ihrer *Gälische Sinfonie* statt, es war ein großer Erfolg. Das Stück war die erste Sinfonie von einer amerikanischen Komponistin. Beach nutzte ihren Ruhm im Anschluss auch dazu, sich für die Frauenrechte einzusetzen.

Die *Gälische Sinfonie* ist energiegeladen und voller Gefühl, ein wunderbares Musikstück, in dem auch volkstümliche irische Melodien anklingen. Bei der Erstaufführung in Boston waren viele Journalisten und Musikkritiker anwesend, die Beachs Komposition in höchsten Tönen lobten und dadurch dazu beitrugen, dass sie auch in Europa sehr bekannt wurde.

# DIE PLANETEN

## GUSTAV HOLST (1874–1934)

Gustav Holst war ein britischer Komponist, Musiklehrer und Posaunist. Sein berühmtestes Werk ist die **Suite** *Die Planeten*, in der Holsts Interesse für Astronomie zum Ausdruck kommt. In sieben Sätzen widmet er sich den Planeten unseres Sonnensystems und den Eigenschaften der Götter, nach denen sie benannt sind.

### MARS: DER KRIEGERISCHE

Mit seinen harten Trommelschlägen hat dieser Satz etwas sehr Militärisches. Das feurige und brutale Temperament des Kriegsgottes drückt Holst mit Rhythmus aus.

### VENUS: DIE FRIEDVOLLE

Im Venus-Satz sorgen liebliche Querflöten und zarte Streicher für einen schwebenden und beinahe romantischen Klang.

### MERKUR: DER GEFLÜGELTE BOTE

Durch schnelles Tempo und die hohen Töne von Harfe, Querflöte und Glockenspiel entsteht ein Gefühl von Leichtigkeit und Geschwindigkeit.

## JUPITER: DER GÖTTERKÖNIG

Mit Wucht bringen die Blechbläser den majestätischen Herrscher der Götterwelt zu Gehör. Der Satz hat aber auch heitere und ausgelassene Teile.

## SATURN: DER ÄLTESTE PLANET

Der beunruhigende Anfang dieses Satzes entwickelt sich zu einem rhythmischen Marsch, der die Unendlichkeit der Zeit symbolisiert.

## URANUS: DER MAGIER

Nach vier langen Blechbläser-Tönen und einigen kräftigen Paukenschlägen demonstriert das Orchester mit schnellen, pulsierenden Rhythmen in allen Instrumentengruppen die Energie und Kraft dieses Planeten.

## NEPTUN: DER GEHEIMNISVOLLE

Die Orgel verleiht diesem Satz etwas sehr Geheimnisvolles. Chaotisch wirkende Teile wechseln sich mit wunderschönen Harfen- und Streichermelodien ab, um in sphärischem Chorgesang zu enden.

## MAESTRO DER BIG BAND:

# DUKE ELLINGTON

## (1899–1974)

Edward Kennedy »Duke« Ellington war ein amerikanischer Komponist, Pianist und Leiter einer Band. Als einer der wichtigsten Jazzmusiker des 20. Jahrhunderts schuf er über 2000 Instrumentalwerke, von Tanzmusik über religiöse Musik bis hin zu populären Liedern. Bis heute spielen Jazzmusiker auf der ganzen Welt seine Kompositionen.

Ellingtons Gruppe von Musikern wird oft als Jazzorchester bezeichnet. Es kamen darin ganz andere Instrumente zum Einsatz als in einem Sinfonieorchester. Zusammen klingen sie eher wie eine Big Band, nämlich: Saxofon, Klarinetten, Trompeten, Tubas, Gitarre, Klavier, Kontrabass und Schlagzeug. Manchmal kam noch Gesang hinzu oder ein Trompeter griff zur Geige!

In einem Jazzorchester dürfen alle Beteiligten ab und zu **improvisieren**, darum klingen die Stücke bei jeden Konzert anders. Ellington war bei der Auswahl seiner Musiker beides wichtig: Sie sollten gut improvisieren, aber auch seine Kompositionen spielen können. Jeder sollte einen eigenen Stil haben, damit sowohl die Improvisationen als auch das Spielen im Ensemble einen ganz eigenen, unverwechselbaren Klang hatten.

# GALERIE DER BERÜHMTHEITEN

### MOZART (1756–1791)

Wolfgang Amadeus Mozart war ein Ausnahmemusiker, der vor rund 250 Jahren lebte. Er hatte großes musikalisches Talent und schrieb seine erste Sinfonie im Alter von acht Jahren! Mozart war schon zu Lebzeiten eine Berühmtheit, und seine Kompositionen gehören zu den bekanntesten aller Zeiten.

### BEETHOVEN (1770–1827)

Der überragende Komponist Ludwig van Beethoven schuf mit seiner Musik den Übergang von der Klassik zur Romantik. Besonders berühmt ist seine 9. Sinfonie mit der Schlusshymne »Freude, schöner Götterfunken«. Er komponierte sogar noch, als er schon vollkommen taub geworden war.

### MENDELSSOHN BARTHOLDY (1809–1847)

Schon mit neun Jahren trat das Wunderkind Felix Mendelssohn Bartholdy zum ersten Mal als Pianist auf, mit 15 komponierte er seine erste Sinfonie. Später war er auch oft als Dirigent tätig und sorgte dafür, dass man sich in Deutschland wieder an die Musik von Johann Sebastian Bach (1685–1750) erinnerte.

## ETHEL SMYTH (1858–1944)

Ethel Smyth trug den britischen Adelstitel »Dame«. Sie war sowohl Komponistin als auch politische Aktivistin. So ließ sie ihre musikalische Tätigkeit zwei Jahre lang ruhen, um sich für die Suffragetten, die erste Frauenbewegung in Großbritannien, einzusetzen. Ihr Stück *Der Marsch der Frauen* wurde zur Hymne der Aktivistinnen.

## WILLIAM GRANT STILL (1895–1978)

William Grant Still schrieb 150 Werke und war der erste afroamerikanische Dirigent eines bedeutenden Orchesters in den Vereinigten Staaten. In seiner *Sinfonie Nr. 1 – Afro-American* verbindet er Elemente traditioneller Orchestermusik mit dem Rhythmus des **Blues**.

## MICHEL LEGRAND (1932–2019)

Der legendäre Franzose war nicht nur ein erfolgreicher **Arrangeur**, Dirigent und Jazzpianist, sondern er schrieb auch über 250 Filmmusiken. Darum ist es sehr wahrscheinlich, dass auch du schon Musik von ihm gehört hast!

STAGE DOOR

JENSEITS DES
KONZERTSAALS

# DIE MUSIK IN RELIGION UND MYTHOLOGIE

**Seit die Menschen Musik machen, spielt sie auch eine wichtige Rolle in vielen Sagen und Geschichten über Götter und Menschen. Ob das daran liegt, dass die Musik uns immer ein wenig verzaubert?**

## BIBLISCHE KLÄNGE

In der Bibel findet sich die Geschichte von Josua, der ein großes Heer anführte, um die Stadt Jericho zu erobern. Allein der mächtige Klang von sieben Posaunen sorgte dafür, dass die Stadtmauern einstürzten. Das Instrument, das in den meisten Bibelübersetzungen Posaune genannt wird, ist der Schofar. Er kommt mehr als 70 Mal in der Bibel vor und wird noch heute bei wichtigen jüdischen Festen gespielt. Er besteht meist aus dem Horn eines Widders und klingt ziemlich ähnlich wie das Blechblasinstrument, das wir Horn nennen.

## MUSIK IN DER MYTHOLOGIE

Die Panflöte ist nach dem griechischen Gott Pan benannt, der Beine und Hörner wie ein Ziegenbock hatte. Pan war in die Nymphe Syrinx verliebt, doch sie entwischte ihm, indem sie sich in Schilfgras verwandelte. Wenn der Wind durch das Schilf wehte, hörte Pan wunderschöne Töne. Das brachte ihn auf die Idee, eine Flöte aus Schilfröhren verschiedener Länge zu bauen, die er seiner verlorenen Liebe widmete.

## ZAUBERKLÄNGE

In verschiedenen skandinavischen Volkssagen kommt ein geheimnisvoller, eine **Fidel** spielender Wassermann oder Flussgeist vor. Es heißt, dass der *Fossegrim* oder *Strömkarlen*, wie er genannt wird, auch Normalsterblichen seine musikalischen Geheimnisse verrät – man muss nur wirklich an ihn glauben! Manche behaupten, dass die berühmtesten skandinavischen Geiger ihr großes Talent auf diese Weise erworben haben.

# OPER

**In einer Oper bringen Sängerinnen und Sänger im Zusammenspiel mit dem Orchester eine Geschichte auf die Bühne. Der deutlichste Unterschied zu einem Orchesterkonzert mit Chor ist, dass die Sängerinnen und Sänger in einem Bühnenbild auftreten. Außerdem tragen sie Kostüme und spielen eine Rolle wie Schauspieler im Theater oder im Film. Der größte Unterschied zum Theater ist, dass der Text gesungen und nicht gesprochen wird. Die meisten Libretti sind in Italienisch oder Deutsch geschrieben.**

In der Oper gibt es verschiedene Arten von Gesangsstücken mit Orchesterbegleitung. Das **Rezitativ** soll ein wenig wie normales Sprechen klingen. Es hat keine richtige Melodie und wird schnell und in einem natürlichen Rhythmus gesungen. Die **Arie** ist ein Solostück für eine Stimme und wird von einem einzelnen Instrument, einer kleinen Gruppe oder dem ganzen Orchester begleitet. Die Arie ist nicht so wichtig für die Handlung, sondern drückt vor allem die Gedanken oder Gefühle der Figur aus. Manche Arien sind sehr schwierig zu singen. Deshalb wird danach oft geklatscht. Neben Rezitativ und Arie gibt es auch noch Duette, Terzette oder Quartette, bei denen zwei, drei oder vier Sänger zusammen singen.

Eine der berühmtesten Opern ist *Carmen* von Georges Bizet. Sie erlebte 1875 in Paris ihre Uraufführung und ist vor allem wegen ihrer dramatischen Handlung und der bewegenden und eingängigen Musik so beliebt. Die Oper erzählt die tragische Geschichte der leidenschaftlichen Liebe eines spanischen Soldaten zu der schönen und temperamentvollen Carmen.

# ORCHESTER UND TANZ

Eine Geschichte lässt sich nicht nur durch Worte, sondern auch mit Bewegungen erzählen. Das Ballett ist eine jahrhundertealte Form des Tanzes, die üblicherweise zu Orchestermusik aufgeführt wird.

Ende des 19. Jahrhunderts schrieb der russische Komponist Peter Iljitsch Tschaikowsky die Musik für drei der berühmtesten Ballette aller Zeiten: *Schwanensee*, *Dornröschen* und *Der Nussknacker*, ein Stück, das oft im Winter aufgeführt wird. Die träumerische Musik, die **Choreografie**, Kostüme und Bühnenbild machen eine Aufführung dieses Balletts zu einem unvergesslichen Erlebnis für das Publikum.

# DAS MUSICAL

Bei einem **Musical** kommen Orchestermusik, Gesang, Schauspielerei und Tanz zusammen. An der Aufführung eines Musicals sind viele verschiedene Künstlerinnen und Künstler beteiligt. Ein Autor denkt sich die Geschichte aus, der Librettist verfasst die Texte, die auf der Bühne gesungen und gesprochen werden, ein Komponist schreibt die Musik, und die Choreografin denkt sich aus, wie sich die Darstellerinnen und Darsteller auf der Bühne bewegen und wie die Tanzstücke aussehen sollen.

*West Side Story* ist eines der beliebtesten Musicals überhaupt. Es handelt von zwei jungen Leuten, die sich ineinander verlieben. Doch sie gehören verschiedenen New Yorker Banden an, ähnlich wie Romeo und Julia in dem berühmten Stück von William Shakespeare, die aus verfeindeten Familien stammen. *West Side Story* ist ein Gemeinschaftswerk: Die Geschichte stammt von Arthur Laurents, die Musik von Leonard Bernstein, Stephen Sondheim schrieb die Gesangstexte und Jerome Robbins choreografierte die Uraufführung. Das Musical war am **Broadway** so erfolgreich, dass es später auch verfilmt wurde.

# FILMMUSIK

**Selbst wenn du noch nie ein Orchesterkonzert besucht hast, hast du bestimmt schon viele Orchesterstücke gehört, und zwar in Filmen. Für viele Kinofilme werden Kompositionen in Auftrag gegeben, die dann ein Orchester einstudiert und im Studio aufnimmt. Zwar sieht man die Musiker nicht, aber sie sorgen dafür, dass Gefühle und Stimmungen besonders gut zum Ausdruck kommen. Dadurch tragen sie viel zum Erfolg eines Films bei.**

Filmmusik muss immer genau zu dem passen, was gerade im Film passiert. Oft erhält der Komponist das **Storyboard** schon bevor die Dreharbeiten beginnen, damit er ganz frei eine Musik erschaffen kann, die seiner Meinung nach zu der Geschichte passt. Manchmal fängt der Komponist aber auch erst an zu komponieren, wenn die Dreharbeiten schon abgeschlossen sind. Dann gibt es verschiedene Techniken, um die Musik genau mit den Filmszenen zu **synchronisieren**.

Niemand hat so viele Filmmusiken komponiert wie der Amerikaner John Williams. Du kennst seine Musik bestimmt aus Filmen wie *Star Wars* oder *Harry Potter* und vielleicht sogar aus älteren Klassikern wie *Jurassic Park*, *Der weiße Hai* oder *E.T. – Der Außerirdische*.

# ORCHESTER UND TECHNIK

Wie in den meisten Bereichen unseres Lebens spielt digitale Technik auch für die Orchestermusik eine wichtige Rolle. Sie hat nicht nur die Aufführungen im Konzertsaal verändert, sondern sogar das Komponieren. Ein Komponist braucht nicht mehr als einen Computer und ein Keyboard, um Musik für ein ganzes Orchester zu schreiben und genau zu wissen, wie die Musik später klingen wird.

Tonproben von echten Instrumenten lassen sich so abspeichern, dass ein Musiker auf einem digitalen Keyboard fast jedes Instrument und mehrere Stimmen gleichzeitig nachahmen kann. Es genügt, ein paar Tasten zu drücken, und wir hören eine Geige spielen, mehrere Holzbläser oder sogar ein ganzes Sinfonieorchester! So können Komponisten sehr einfach alles Mögliche ausprobieren, während sie ein Musikstück schreiben. Und wenn die Komposition fertig ist, kann sie von einem klassischen Orchester aufgeführt werden.

Hin und wieder wird ein Orchester durch das Theremin ergänzt, ein sehr ungewöhnliches elektronisches Instrument. Damit diese Maschine erklingt, braucht man sie noch nicht einmal zu berühren! Sie gibt einen etwas unheimlichen Klang von sich, der durch Radiowellen entsteht. Diese werden verstärkt und sind über Lautsprecher zu hören. Tonhöhe und Lautstärke bestimmt der Musiker, indem er seine Hände in unmittelbarer Nähe der beiden Antennen des Theremins durch die Luft bewegt.

# MACH MIT!

**Wenn du alles rund um Instrumente, Orchester und großartige Kompositionen spannend findest, dann könntest du doch auch selbst lernen, Musik zu machen!**

Es gibt viele Möglichkeiten, ein Instrument zu erlernen oder auch eigene Musikstücke zu schreiben. Bestimmt findet sich in deiner Stadt eine Musikschule oder du kennst jemanden, der dir zeigt, wie man Gitarre, Blockflöte oder Klavier spielt. Vielleicht gibt es an deiner Schule neben dem Musikunterricht einen Chor oder sogar ein Orchester, wo du mitmachen kannst!

Welchen Weg du auch wählst, das Wichtigste ist, dass du dir ein Instrument aussuchst, das du wirklich gern spielen möchtest. Wenn du jeden Tag ein bisschen übst, kommst du schnell voran und kannst schon bald mit anderen Kindern zusammen musizieren. So lernst du nicht nur die Musik richtig gut kennen, sondern gewinnst auch noch neue Freunde!

# GLOSSAR

**A CAPPELLA** Der Gesang eines Chors ohne Begleitung durch Instrumente

**AKUSTIK** Die Wissenschaft vom Schall und seiner wellenförmigen Ausbreitung im Raum

**ARIE** Gesangsstück in einer Oper, das eine Sängerin oder ein Sänger allein singt und dabei von Instrumenten begleitet wird

**ARRANGEUR** Ein Komponist, der ein Musikstück für andere Instrumente umschreibt als ursprünglich vorgesehen waren

**BEGLEITUNG** Die rhythmische und harmonische Unterstützung der Melodie durch eine oder mehrere weitere Stimmen oder Instrumente

**BLUES** Afroamerikanischer Musikstil. Die Texte handeln oft von traurigen Ereignissen und Erfahrungen

**BROADWAY** Eine sehr bekannte Straße in New York, an der viele große und berühmte Theater liegen

**CHOREOGRAFIE** Festgelegte Bewegungsabläufe und Tanzschritte in einem Ballett oder einer anderen Tanzaufführung, die genau auf die Musik abgestimmt sind

**DYNAMIK** Die verschiedenen Lautstärken in einem Musikstück. Die wichtigsten Anweisungen sind forte (laut) und piano (leise)

**ENSEMBLE** Eine Gruppe von Musikern, die zusammenspielen. Sie ist kleiner als ein Orchester. Ensembles bestehen mal nur aus Instrumentalisten, mal nur aus Sängern und manchmal sind sie auch gemischt

**FIDEL** Ein Streichinstrument aus früherer Zeit mit sechs Saiten, das große Ähnlichkeit mit der Geige hat

**GREGORIANISCHE CHORÄLE** Einstimmige Kirchengesänge mit lateinischen Texten aus dem Mittelalter

**HARMONIE** Der Zusammenklang von mehreren Tönen, die Akkorde bilden, zum Beispiel einen Dreiklang

**IMPROVISIEREN** Spontanes Musizieren ohne Noten, allein oder gemeinsam mit anderen Musikern mit verschiedenen Instrumenten

**INTONATION** Das genaue Abstimmen der Instrumente aufeinander. Wenn die Musiker eines Orchesters gut aufeinander hören, stimmt die Intonation und die Musik klingt »rein«

**KAMMERMUSIK** Mit wenigen Instrumenten und vor kleinem Publikum gespielte Musik

**KOLOPHONIUM** Ein festes Baumharz, mit dem die Haare des Streicherbogens eingerieben werden

**KOMPONIEREN** Das Erfinden und Aufschreiben eines Musikstücks. Dazu gehören Melodie, Rhythmus, Lautstärke und die Auswahl der Instrumente

**KONZERT** Musikstück für ein Soloinstrument mit Orchester

**LIBRETTO** Das Textbuch von Opern und Musicals. Ein Autor, der Librettist, schreibt die Dialoge und Gedanken der Sänger, die der Komponist dann vertont

**MARSCH** Ein Musikstück im Vierertakt, das ursprünglich das Gehen oder Marschieren im Gleichschritt begleiten sollte

**MELODIE** Eine Folge von Tönen mit Anfang und Ende, die meist gut im Gedächtnis bleibt

**MUSICAL** Ein modernes Bühnenstück mit Gesang, gesprochenen Teilen, Tanz und Orchesterbegleitung

**NOTE** Ein Schriftzeichen, um einen Ton mit einer bestimmten Höhe und Länge aufzuschreiben

**OPER** Musikstück, in dem eine Geschichte mit Orchester und Gesang auf einer Bühne dargestellt wird

**PARTITUR** Notenbuch, in dem alle Stimmen eines Orchesterwerks untereinander geschrieben sind. Es wird zum Dirigieren benötigt

**PODEST** Ein flacher Kasten, auf dem die Dirigentin oder der Dirigent steht, damit alle Musiker und Musikerinnen sie oder ihn sehen können

**PUBLIKUM** Die Zuhörer und Zuschauer im Konzertsaal oder in der Oper

**RESONANZ** Das Mitschwingen eines Instrumentenkörpers, zum Beispiel einer Geige, durch die Schallwellen, sodass sich der Klang verstärkt

**REZITATIV** Eine Art Sprechgesang in der Oper. Diese Einschübe dienen in der Regel dazu, die Handlung voranzubringen

**RHYTHMUS** Die zeitliche Einteilung einer Melodie durch die Festlegung, wie lang die Töne und die Pausen zwischen ihnen sind

**SATZ** Der in sich abgeschlossene Teil einer Komposition. Sinfonien haben meist vier Sätze, Konzerte drei Sätze

**SCHALL** Ein Ton oder Geräusch, verursacht etwa durch das Streichen einer Saite oder das Schlagen auf eine Trommel. Dabei wird die Luft in Schwingung versetzt und gelangt als Schallwellen in unser Ohr

**SINFONIE** Eine Komposition für Orchester, die meist aus vier Sätzen besteht

**STIMMEN** Das Einstellen aller Instrumente eines Orchesters auf eine Tonhöhe. Meistens gibt die Oboe den Ton an, an dem sich alle anderen orientieren

**STIMMLAGE** Die Höhe einer Singstimme. In Kompositionen mit Gesang werden die Singstimmen meist in Sopran, Alt, Tenor und Bass eingeteilt

**STORYBOARD** Zeichnungen, mit denen eine Filmhandlung wie in einem Comic dargestellt wird, bevor die Dreharbeiten beginnen

**SUITE** Eine Komposition, die aus einer Folge mehrerer Musikstücke besteht

**SYNCHRONISIEREN** Bei Filmmusik das exakte zeitliche Abstimmen der Musik auf die Ereignisse im Film

**TAKT** Die Zusammenfassung von verschiedenen Noten und Pausen zu einem kleinen Abschnitt. Ein Musikstück besteht aus vielen Takten gleicher Länge

**TEMPO** Die Geschwindigkeit, in der ein Stück gespielt wird oder werden soll. Die bekanntesten Bezeichnungen sind Adagio und Andante für eher langsame, Allegro und Presto für lebhafte und schnelle Spielweisen

**TONUMFANG** Alle Töne zwischen dem tiefsten und dem höchsten Ton, den ein Instrument spielen oder eine Stimme singen kann

**URAUFFÜHRUNG** Die allererste Aufführung eines Musikstücks vor Publikum

**VIRTUOSE** Ein Musiker mit großem technischen Können, der beeindruckend komplizierte Stücke spielt

**VOM BLATT SPIELEN** Wer gut Noten lesen kann und sein Instrument beherrscht, kann ein Stück spielen, ohne vorher zu üben

# REGISTER